Lin. 15814.

ÉLOGE

DE BLAISE PASCAL.

Se trouve à Paris,

Chez { Delaunnay, libraire, Palais-Royal, galeries de bois ;
Mᵐᵉ Goullet, libraire, Palais-Royal, galeries de bois.

ÉLOGE

DE BLAISE PASCAL,

DISCOURS

COURONNÉ A L'ACADÉMIE DES JEUX FLORAUX

DE TOULOUSE,

DANS SA SÉANCE DU 4 MAI 1816;

PAR M. BELIME.

PARIS,

DE L'IMPRIMERIE DE P. DIDOT L'AINÉ,

IMPRIMEUR DU ROI.

M. DCCC. XVI.

ÉLOGE

DE BLAISE PASCAL.

Une société connue par l'éclat et l'ancienneté de ses fêtes poétiques propose l'éloge de cet homme extraordinaire dont les sciences, les lettres et la religion se disputèrent tour-à-tour la conquête, qui remplit sa vie de prodiges, étonna les géomètres par la hauteur de ses conceptions, enrichit la physique d'immortelles découvertes, soumit le hasard aux lois du calcul, devina et fixa la langue françoise, déploya dans ses écrits une profondeur de raisonnement, une finesse de plaisanterie et une éloquence inimitables, et mourut à trente-neuf ans, sans avoir pu donner encore toute la mesure de ses forces. Quelle matière plus capable d'enflammer le zèle et d'inspirer le génie

des orateurs ! Pascal est une de ces intelligences
rares qui brillent, à de longs intervalles, dans l'é-
tendue des siècles, et fondent une époque remar-
quable dans l'histoire d'un peuple. Objet de l'admiration de ses contemporains, il a conservé jusqu'à
nous une réputation imposante ; chacun prononce
son nom avec respect, et l'oppose avec orgueil à
tout ce que les nations étrangères ont produit de
plus grand et de plus parfait. Le suivre dans les
diverses carrières qu'il a parcourues ; montrer jusqu'à quel point il a possédé l'esprit d'invention,
il a fortifié l'impulsion donnée avant lui aux
sciences physiques, il a multiplié les ressources et
fécondé le domaine de l'analyse ; défendre sa mémoire contre d'injustes préventions ; développer
les événements auxquels nous devons les lettres
provinciales ; écarter de ce développement délicat
des souvenirs trop amers ; oublier le théologien,
pour ne s'occuper que du bienfaiteur des lettres
et du législateur de notre prose ; démêler le genre
de mérite qui le distingue des autres écrivains
moralistes ; rappeler ce qu'il a fait et voulu faire

pour l'honneur de la religion ; offrir par-tout l'union touchante d'un éminent savoir et d'une vertu sans tache : voilà, messieurs, le plan du discours que je soumets à votre jugement. Si l'étude réfléchie des ouvrages de Pascal suffisoit pour tracer un éloge digne de lui, je redouterois moins votre sévérité ; mais c'est au talent seul qu'il appartient d'ériger de pareils monuments; et j'éprouve, sous ce rapport, le besoin de votre indulgence.

On diroit que la nature a des moments de caprices où, rompant tout-à-coup l'uniformité de ses créations, elle essaie sur des êtres privilégiés l'énergie de sa puissance, et les accable de tous les dons de la pensée, de tous les trésors de l'imagination. Devons-nous leur porter envie et nous plaindre d'un partage trop inégal ? Voyez à travers les rayons de leur gloire cette destinée inflexible qui s'attache à leurs pas, les poursuit sans relâche, les condamne presque tous à traîner leur vie dans les larmes, les chagrins et les souffrances, et apprenez à quel prix ils achètent le triste droit de s'élever au-dessus de leurs semblables. Ah! le génie ne donne point le bonheur. Pascal en a fait la cruelle expérience, et ce souvenir pénible arrête quelquefois la plume, et fatigue l'ame de ses panégyristes.

Il annonça presqu'en naissant des dispositions surprenantes, et ne fut pas du nombre de ces enfants qui, cités d'abord comme des prodiges, n'ont pas tenu ce qu'ils promettoient, et, après avoir jeté un vif éclat, sont retombés dans l'oubli de tout le poids de leur célébrité précoce. Son père (1) dirigea lui-même son éducation et le familiarisa bientôt avec les langues anciennes, que nos aïeux regardoient comme la source de la bonne littérature, et où Boileau, Racine, et tous les grands écrivains du siècle de Louis XIV, puisèrent cette pureté de goût et cette élégance de style qui caractérisent leurs ouvrages. Il vouloit aussi lui exposer les principes des sciences; mais, craignant de nuire à des études qu'il jugeoit plus importantes, et jaloux d'ailleurs de concilier les emportements d'un esprit affamé d'instructions

avec les ménagements qu'exigeoit une santé délicate, il se borna à des notions vagues et générales. Pouvoit-il prévoir qu'un simple aperçu
suffiroit à ce génie pénétrant pour découvrir ce
qu'on croyoit devoir lui cacher? Pascal avoit con-
tracté, dès son enfance, l'habitude de la réflexion.
Observer des phénomènes, en tenter l'explication, imaginer des expériences, combiner des
rapports, et former des raisonnements : telles
étoient ses occupations dans un âge où le plaisir
étouffe les premiers efforts de la pensée.

Plusieurs causes contribuèrent encore, indé-
pendamment de ses dispositions naturelles, à nour-
rir sa passion pour les sciences. Son père avoit
renoncé à la magistrature, et s'étoit lié avec les
plus habiles mathématiciens de son temps; Roberval, algébriste profond, célèbre par ses belles
recherches sur la cycloïde; Mersenne et Carcavi,
correspondants de Descartes, et dignes de cet honneur par l'étendue de leurs connoissances; Fermat (2), géomètre du premier ordre, doué d'une
force de tête et d'une sagacité singulières, supé-

rieur à sa réputation, et dont les ouvrages, pleins de vues neuves et originales, préparèrent le règne glorieux des hautes mathématiques. Unis par les liens d'une estime et d'une amitié réciproques, ces savants respectables se consultoient mutuellement, et faisoient entre eux un noble échange d'idées et de lumières. Le père de Pascal s'associe à leurs travaux. Il réunit dans sa maison les savants les plus distingués de la capitale. Tous les entretiens y ont pour but le progrès des connoissances; on y agite des questions intéressantes, on y propose des problèmes difficiles, on y discute la nouvelle philosophie de Descartes.

Ce grand homme commençoit une révolution étonnante, ouvrage de son caractère autant que de son génie. Les vieux fondements de la scolastique s'écroulent de toute part; l'esprit humain, affranchi d'un long esclavage, reprend l'exercice de ses droits; la métaphysique, jusqu'alors hérissée de termes barbares, et couverte d'épaisses ténèbres, épure son langage, et brille d'une clarté inconnue; la géométrie et l'algèbre, fières de leur sublime alliance, frayent de concert la route des grandes découvertes; la physique affermit sa marche par le calcul et l'expérience : la vaste imagination de Descartes, étendue sur toutes les sciences, les anime, les féconde, les rapproche, les unit ensemble. Le père de Pascal fut un de ses plus sincères admirateurs. Il combattit, il est vrai, quelques unes de ses opinions, il prit part à ces luttes fameuses où Descartes et Fermat déployèrent des forces égales; mais ses liaisons avec Fermat ne lui firent point oublier les égards qu'il devoit à son illustre rival; et, loin de grossir la foule de ses ennemis, il rechercha son amitié, et s'enorgueillit de l'avoir obtenue.

Comment le jeune Pascal, dont l'oreille étoit sans cesse frappée du nom de Descartes, élevé sous les yeux des savants, environné de tous les charmes de la séduction, auroit-il pu résister à l'instinct impérieux qui l'entraînoit vers les mathématiques? Déja sa tête fermente et s'agite; il médite une entreprise au-dessus de son âge : les obstacles qu'elle lui présente l'irritent et l'enflamment. Sans secours et sans maître, guidé par la seule définition de la géométrie, il marche à sa conquête. Il s'enferme pendant les heures destinées à ses plaisirs, il trace des lignes, les combine entre elles, examine leur situation respective, devine la théorie des angles, forme des cercles, des parallélogrammes, sans savoir le nom de ces figures ; reconnoît, comme par inspiration, plusieurs théorèmes importants, en déduit des conséquences, s'appuie sur des axiomes qu'il s'est faits lui-même, et d'observations en observations, d'analogies en analogies, arrive à la 32ᵉ proposition d'Euclide (3). Ce trait de pénétration extraordinaire paroîtroit incroyable, si la jeunesse de Pascal n'expliquoit pas son enfance, si sa vie n'étoit pas un enchaînement continuel de prodiges. Ici commence l'histoire des services qu'il a rendus aux sciences, aux lettres et à la religion. Nous le verrons parcourir à pas de géant la carrière des mathématiques, s'ouvrir des routes nouvelles, attacher son nom à de mémorables découvertes, poser les fondements du calcul des probabilités, s'annoncer dans la littérature par un chef-d'œuvre, signaler ses derniers adieux à la géométrie par des coups de génie qui confondent encore les plus vigoureuses intelligences, et tracer le plan de la défense du christianisme.

La haute opinion que Pascal avoit donnée de ses forces ne permettoit plus de contraindre ses volontés et de se rappeler la foiblesse de son âge. Son père le laissa libre d'étudier les mathématiques. Il lut les éléments d'Euclide comme on lit un roman agréable et frivole : la géométrie ne sembloit offrir à ses yeux qu'une suite de réminiscences ; l'algèbre lui parut plus digne de fixer son attention. Elle lui enseigna l'art de décomposer une question, d'en saisir tous les rapports, d'en généraliser les résultats, et de renfermer sous une expression abrégée un grand nombre de vérités particulières. Ses progrès dans les mathématiques furent si rapides, qu'il composa, avant l'âge de seize ans, un Traité des Sections coniques, dont la profondeur étonna Descartes. Il y déduisoit d'une seule proposition générale toutes les démonstrations d'Apollonius, étendoit la théorie des courbes au-delà des bornes connues, et substituoit au mécanisme laborieux et compliqué des méthodes anciennes une marche simple et élégante.

L'extrême jeunesse de Pascal et la maturité que supposoit son premier ouvrage firent croire à plusieurs géomètres que son père en étoit l'auteur, et sacrifioit sa propre gloire à celle de son fils. Descartes partagea même cette opinion ; mais Pascal s'éleva bientôt à une si grande hauteur, qu'on n'osa plus lui contester des essais qui, malgré leur éclat, n'approchoient pas de ses nouvelles découvertes. La Machine Arithmétique (4) parut trois ans après le Traité des Sections coniques, et répandit son nom dans toute l'Europe. Cette brillante invention, dont le but étoit de ménager les forces du calculateur et d'abandonner à ses yeux et à sa main le soin d'exécuter, presque à son insu et sans crainte d'erreurs, les opérations numériques les plus compliquées, excita l'admiration des savants. Leibnitz la regardoit comme un mo- dèle de sagacité, d'adresse et de patience; elle coûta à Pascal de prodigieux efforts de tête, elle l'entraîna dans des travaux forcés, qui altérèrent pour toujours sa constitution physique; et, bien que des inconvénients inséparables de la nature de cette machine, en rendent aujourd'hui l'usage moins fréquent, et que les géomètres emploient de préférence les Tables de Logarithmes, le prin- cipe ingénieux sur lequel elle est fondée, la jus- tesse et la promptitude de ses résultats, les vues d'utilité qu'elle présente, la recommanderont à leur souvenir.

La réputation de Pascal s'accrut encore par d'autres ouvrages qui le placent au rang des meil- leurs physiciens. L'astronomie est, de toutes les sciences, celle qu'on a cultivée avec le plus de succès dans le seizième siècle; mais il étoit réservé au siècle suivant de répandre une lumière égale sur toutes les branches de la physique, et d'élever cet édifice majestueux qui fait tant d'honneur à notre intelligence. Trois grands hommes paraissent presqu'en même temps en France, en Italie, en Allemagne, et se disputent la gloire d'instruire le monde: Descartes, Galilée et Képler. Descartes reconnoît les lois de l'inertie, ébauche celles du mouvement, change la face de la dioptrique, compose le roman sublime des tourbillons, et s'immortalise par la seule idée de généraliser les phénomènes. Galilée apprend aux physiciens à interroger la nature, et à soumettre la théorie au jugement sévère de l'expérience, établit sur cette double base les lois admirables de la chute des corps, découvre le principe fondamental de l'équilibre, et confirme, par de nouvelles preuves, le systême de Copernic. Képler explique le mécanisme de la vision, dévoile la marche des planètes, la forme des orbites qu'elles parcourent, les lois de leurs mouvements, et précède Newton sur les routes de l'attraction. Un jour pur et brillant éclaire l'horizon des sciences, et des circonstances favorables, qui se présentent ordinairement à l'époque d'une grande fermentation dans les idées, con-

courrent encore à étendre le progrès des lumières. Une de ces circonstances heureuses, un ca-
price de quelques ouvriers italiens, développa le
goût de Pascal pour la physique, et donna naissance à une des plus utiles découvertes dont elle
s'honore. Par quelle étrange bizarrerie les secrets
que la nature avoit cachés dans les profondeurs
des sphères célestes, ont-ils été connus avant
ceux qu'elle avoit en quelque sorte livrés à notre
inquiète curiosité ? Nous avions déja deviné le systême du monde et nous ignorions encore les principales propriétés du fluide qui nous presse, nous
environne, et sert au maintien de notre existence.
Galilée prouva le premier que l'air est pesant ;
Torricelli, son plus habile disciple, conjectura
que sa pesanteur déterminoit la suspension de l'eau
dans les pompes, ou du mercure dans le tube ;
Pascal eut le mérite de démontrer la vérité de cette
conjecture. Les expériences de Torricelli n'avoient
fait qu'une médiocre impression sur les physiciens.
Une vieille opinion, appuyée du nom et de l'autorité d'Aristote, dominoit dans les écoles ; et sub-

juguoit les meilleurs esprits. Pascal ne la proscrivit pas d'abord, et prouva, par cette sage circonspection, la solidité de son jugement et l'excellence de sa méthode dans la recherche de la vérité. Les grands observateurs sont calmes et patiens ; ils se défient de leurs premières idées, et se renferment dans le doute, jusqu'à ce qu'ils aient acquis par de longues méditations et des essais heureux le droit d'en sortir. Pascal répéta les expériences de Torricelli, les varia, en fit de mieux raisonnées, et demeura presque convaincu, en comparant ses résultats, qu'il étoit en possession du secret de la nature : mais il restoit des nuages à dissiper, des objections à détruire. Les partisans d'Aristote se défendoient encore sur les ruines de leur édifice. Jaloux de porter un coup décisif, Pascal imagina la célèbre expérience du Puy-de-Dôme. Personne n'ignore qu'elle rallia toutes les opinions, et relégua le système de l'horreur du vide dans les ténébreuses chimères de l'école. La pesanteur de l'air, universellement reconnue, prit son rang parmi les vérités fondamentales de la physique. Pascal l'appliqua à fixer les incertitudes des savants sur un grand nombre d'effets qui en dépendent, et rendit sensible et populaire l'intelligence de plusieurs phénomènes qui s'offrent chaque jour à nos regards.

Je ne dissimulerai point qu'on a voulu lui ravir l'honneur de cette expérience, et l'attribuer à Descartes. Ce grand homme n'avoit-il pas assez de gloire, et falloit-il encore parer son front d'une couronne qui ne lui appartient pas? Quels sont donc les titres qu'on produit en sa faveur? Est-ce dans les conséquences directes de ses principes que les physiciens iront chercher l'explication véritable des expériences de Torricelli? Mais si ses principes conduisoient à la solution du problème, pourquoi les adversaires de Pascal se servoient-ils pour le combattre des armes mêmes de Descartes? Quels efforts a-t-il faits pour établir ses droits à une découverte dont le bruit retentissoit dans toute l'Europe? Quelles attaques a-t-il dirigées contre Pascal? L'a-t-il cité au tribunal des savants? Sa modération dans cette circonstance se concilie-t-elle, avec l'impétuosité de son caractère, et la haute et juste importance qu'il attachoit à ses immortels travaux ? Devoit-il se borner à quelques plaintes vagues dans une lettre confidentielle? Est-ce là le langage, la marche, l'explosion du génie et de l'amour-propre offensés ? D'ailleurs la probité scrupuleuse de Pascal lui auroit-elle permis de s'approprier le bien d'autrui? L'homme qui venoit de reconnoître, de proclamer les obligations qu'il avoit à Torricelli, étoit-il capable de désavouer celles qu'il auroit eues à Descartes? A-t-on oublié qu'il comptoit déja de nombreux ennemis, et que pas un d'eux ne s'est porté son accusateur (5) ?

Ses dernières expériences l'engagèrent dans des recherches profondes sur la théorie de l'équilibre des fluides. Archimède nous a donné les principales lois de l'hydrostatique dans un ouvrage, précieux monument de l'antiquité, le seul qui nous ait transmis une portion de connoissances à laquelle les modernes ont peu ajouté. Fidèle à la marche tracée par ce grand philosophe, Stévin reconnut, le premier, que les fluides pressent en vertu de leur hauteur perpendiculaire, quelle que soit la quantité et la forme des vases qui les contiennent. Ce paradoxe hydrostatique exerça la sagacité de Pascal ; il en donna deux nouvelles démonstrations, fondées, l'une, sur des raisonnements géométriques, et l'autre, sur des expériences délicates et ingénieuses. Stévin n'avoit pas aperçu toute la fécondité du principe qu'il avoit découvert ; Pascal le remania en homme supérieur, le creusa, et en fit sortir toutes les propriétés de l'équilibre des fluides. Il est un des premiers savants qui aient donné l'idée de lier ensemble deux sciences jusqu'alors distinctes et indépendantes, la statique et l'hydrostatique ; idée qu'il appartenoit aux grands géomètres du siècle dernier de développer avec tant de succès. Les lois de l'équilibre des fluides n'ont plus été considérées que comme un cas particulier de la théorie générale de la Statique ; et déja, messieurs, se présentent à votre esprit les immenses progrès qu'a faits la mécanique, étonnée de voir toutes les scien-

ces qui la composent dépendre d'un seul principe, se presser dans une même formule, et devenir, ainsi simplifiées, la conquête de l'analyse (6).

Les Traités de la pesanteur de l'air et de l'équilibre des fluides sont les seuls ouvrages que Pascal
ait publiés sur la physique. Quels services ne de-
voit-elle pas attendre d'un homme qui joignoit le
talent d'observer à l'art des expériences ; qui,
maître de son imagination, n'abandonnoit pas
à ses caprices l'explication des phénomènes de
la nature, et dont le coup-d'œil avoit autant
de justesse que d'étendue, de pénétration que
de profondeur ! Les mathématiques exercèrent
sur lui un empire plus absolu, plus despo-
tique ; et à peine eut-il achevé ses recherches sur
les fluides, qu'il s'élança avec une nouvelle ar-
deur dans la carrière des découvertes analytiques.

La modestie de Pascal nous a privés d'excellents
ouvrages sortis de sa plume ; mais ceux qu'il a
laissés suffisent à sa gloire, et son Traité seul du
triangle arithmétique lui assureroit une réputation
durable. L'originalité et l'esprit d'invention qui

distinguent cet ouvrage en font encore recher-
cher la lecture dans un moment où la supériorité de nos méthodes et la perfection de nos instruments nous rendent dédaigneux, et quelquefois même injustes envers les mathématiciens
du 17e siècle. Pascal embrasse presque toutes
les questions qui dépendent de l'analyse; il déduit
de l'ingénieuse formation de son triangle la doctrine des combinaisons, la théorie des jeux de
hasard, la sommation des suites des nombres naturels et figurés, et une foule de théorèmes cu-
rieux. Les géomètres remarqueront qu'il déter-
mine, à l'aide de son triangle, les coefficients des
différents termes d'un binôme élevé à une puissance entière et positive. Cette découverte, jointe
à la notation des exposants introduite par Wallis,
réduiroit à très peu de chose le mérite de la célèbre formule de Newton, si nous devions juger
de ce qui restoit à faire par la brillante facilité
avec laquelle nous manions aujourd'hui l'algèbre.
C'est dans ce triangle qu'il faut chercher le véritable berceau du calcul des probabilités. Pascal

a jeté les fondements de cette théorie séduisante qui, resserrée d'abord dans des bornes étroites, a montré tant d'audace entre les mains de Jacques Bernoully, a soumis à son pouvoir les événements moraux et politiques, est devenue une des branches les plus intéressantes de l'analyse, une science à part, digne d'être méditée par les écrivains philosophes, mais dont l'application exige beaucoup de discernement, de tact et de réserve (7). - La foible constitution de Pascal ne pouvoit résister à ses travaux immodérés ; elle s'altéroit chaque jour, sans que les instances de sa famille et les conseils de ses amis pussent l'arracher à ses études chéries. Enfin la violence du mal lui commanda ce pénible sacrifice ; il s'abstint pendant quelque temps de toute occupation sérieuse, et chercha dans la société d'agréables distractions ; on l'y accueillit avec empressement. Ses manières douces et polies, une extrême attention à ménager l'amour-propre des autres, un choix heureux d'expressions toujours justes, naturelles et élégantes, une foule de mots piquants, de sail-

lies originales, et de traits de lumière vifs et inattendus, prouvèrent que l'étude des mathématiques n'est pas incompatible avec celle des conve-
nances, et ne nuit pas aux graces de l'imagination. Il prit un goût assez décidé pour le monde,
il voulut même s'y fixer par les liens les plus
doux ; mais l'événement si célèbre dans l'histoire
de sa vie renversa ses projets et rompit ses en-
gagements. Tourmenté par de sombres terreurs,
croyant sans cesse voir à ses pieds un précipice
prêt à l'engloutir, Pascal n'eut plus d'espoir et de
consolation que dans Dieu. Il s'éloigna des savants,
il renonça aux mathématiques qui avoient fait les
délices de ses jeunes années ; la religion resta
seule maîtresse de son cœur et de son génie.
Enseveli dans la retraite, livré à l'étude ex-
clusive de l'Ecriture sainte et des Pères de l'E-
glise, il borna sa société à celle d'un petit nombre de personnes dévorées, comme lui, d'une
piété ardente.

La maison de Port-Royal jouissoit alors d'une
grande réputation de vertu et de savoir. On se

rappelle ces solitaires qui, les premiers, eurent la gloire de propager les principes de la saine philosophie, d'épurer la langue, de l'enrichir d'excellents ouvrages, et de former le goût de Racine ; qui depuis, engagés dans d'interminables disputes de religion, irritèrent le Gouvernement et le Saint-Siége par une opiniâtreté inflexible ; et qui, séparés, sans être abattus, léguèrent à de fidèles élèves le soin de leur vengeance. A leur tête brilloit Antoine Arnauld (8), disciple de Descartes, habile géomètre, profond théologien, intrépide défenseur de la vérité, ou du moins de ce qui lui sembloit tel, écrivain plein de feu et d'énergie, mais diffus et incorrect, doué d'une éloquence impétueuse, mais souvent déréglée, rigide dans ses mœurs, ami chaud, ennemi implacable, l'un de ces hommes enfin qui, forçant toutes les mesures, n'en permettent aucune dans les sentiments qu'ils inspirent. Parmi ses nombreux admirateurs, on distinguoit deux autres solitaires dont la douceur et le flegme inaltérable contrastoient avec la violence de son caractère, Nicole et Sacy. Amis intimes de Pascal, ils s'empressèrent de lui faire connoître Arnauld, et commencèrent une liaison que les Lettres Provinciales ont immortalisée. A l'ombre de ces noms généralement estimés, la maison de Port-Royal acquéroit chaque jour une nouvelle considération, une influence presqu'égale à celle des Jésuites.

Cette société célèbre avoit fondé, au milieu des monarchies de l'Europe, une monarchie particulière, gouvernée par des lois et des statuts mystérieux, divisée en petites souverainetés dépendantes d'un chef commun, et toujours prêtes à se réunir au premier signal, garantie des orages intérieurs par la sage prévoyance de ses institutions, respectée au dehors par le double ascendant des lumières et des vertus religieuses. La foiblesse des princes favorisa l'élévation rapide de cette nouvelle puissance. Disséminés dans toutes les cours, mêlés dans tous les événements, arbitres de toutes les consciences, habiles à manier les esprits et à diriger les passions, les Jésuites parvinrent bientôt au but constant de leurs efforts, l'asservissement des rois et des peuples ; mais accoutumés à les sacrifier tour-à-tour aux intérêts d'une profonde politique, ils perdirent leur confiance, et virent s'écrouler en un instant le magique édifice d'un précaire pouvoir. La réputation toujours croissante de la maison de Port-Royal blessoit l'orgueil des Jésuites. Ils ne lui pardonnoient pas de leur disputer la plus chère de leurs prérogatives, celle de l'enseignement public, et d'attirer à elle une foule de jeunes gens appartenants aux premières familles de l'Etat. De leur côté, les solitaires reprochoient à leurs rivaux une morale relâchée et contraire aux principes sévères du christianisme. Ainsi les deux partis, aigris l'un contre l'autre, et incapables de rapprochement, n'attendoient que l'occasion de faire éclater la haine qui fermentoit dans leur cœur. La discorde sourit à leur projet de vengeance ; et, l'œil encore étincelant des fureurs de la fronde, elle courut réveiller, dans l'ame de Mazarin, le souvenir d'une ancienne offense.

Les solitaires s'étoient fait remarquer, pendant les derniers troubles, par leur attachement au cardinal de Retz ; Mazarin, vainqueur et tout puissant, vouloit les punir : les Jésuites lui en offrirent les moyens, et l'engagèrent à solliciter les foudres de la cour de Rome contre un prélat cher à la maison de Port-Royal, son oracle et son flambeau. Outrager la mémoire de Jansénius, c'étoit frapper ses partisans dans l'endroit le plus sensible, et les mettre adroitement dans l'alternative d'un silence déshonorant ou d'une résistance criminelle. L'orage grondoit sur la tête des solitaires, sans ébranler leur fermeté. Arnauld les soutenoit, les animoit de sa voix éloquente. Il donna le signal du combat. Sa défense de Jansénius, pleine de logique et de force, déconcerta d'abord les Jésuites ; mais ils eurent l'art d'en détacher une proposition qu'il ne nous appartient pas de juger, et lui donnèrent la couleur d'une hérésie. Ainsi commença ce trop fameux procès qui fit tant de bruit, ruina tant de familles, enfanta tant de volumes, et ne produisit qu'un bon ouvrage, les Lettres Provinciales.

Les chances n'étoient point égales entre les combattants. Les Jésuites s'avançoient, fiers de la protection du Gouvernement, et de l'appui d'une multitude d'ecclésiastiques, entraînés, les uns, par l'espoir des récompenses, et les autres par des motifs de conscience respectables. Les solitaires n'avoient pour eux que leurs talents, leur courage et leur union. Aucun des deux partis n'avoit encore songé à mettre dans ses intérêts un auxiliaire redoutable, une puissance que le despotisme même ne brave pas impunément, inaccessible à la corruption, refuge de l'innocence persécutée, l'opinion publique. Les solitaires comprirent, les premiers, que, s'ils parvenoient à s'en rendre maîtres, ils contre-balanceroient les forces qui leur étoient opposées, et que, dans le cas d'une défaite, le cri de l'indignation générale troubleroit la victoire de leurs ennemis. Mais le succès de l'entreprise dépendoit d'un genre de talent que leurs meilleurs écrivains ne possédoient pas à un assez haut degré.

Tous les yeux s'arrêtèrent sur Pascal. Sacy le proposa comme le seul homme capable de dérober, sous le charme de l'expression, la sécheresse des matières théologiques, de vaincre l'indifférence du public, et de conquérir ses suffrages et son appui. Pascal hésita d'autant moins à défendre un ami dont il estimoit les vertus et partageoit les opinions, que cette défense se prêtoit au projet qu'il avoit formé depuis quelque temps de signaler à tous les Gouvernemens les dangereuses maximes des Jésuites. Ils ne furent point alarmés du choix des solitaires. Un grand géomètre transformé tout-à-coup en littérateur et en théologien leur paroissoit un adversaire peu redoutable.

Les premières Lettres Provinciales dessillèrent leurs yeux, et prouvèrent l'étonnante flexibilité de ce génie universel. Ecrites avec une grace, une légèreté, une finesse dont il n'y avoit pas de modèle, elles séduisirent toutes les classes de la société. Cette nouvelle manière de traiter un sujet ingrat et épineux, la gaieté inépuisable des récits,

la situation dramatique des personnages, le mouvement continuel de la scène, la piquante variété
des tableaux, et l'originalité du style, donnèrent
à ces Lettres une vogue prodigieuse. Les cercles
retentissoient de l'admirable invention du *pouvoir prochain* et de *la grace suffisante qui ne
suffit jamais*. Les sarcasmes pleuvoient de toutes
parts, et les adversaires d'Arnauld furent immolés
à la risée publique. Pascal eut le bon esprit de
sentir que la cause d'un particulier n'excite point
un intérêt durable, et qu'il est dangereux de
mettre trop long-temps à l'épreuve notre pitié et
notre bienveillance. Satisfait d'avoir rempli les
devoirs que lui imposoit l'amitié, il fit disparoître
Arnauld de la scène, et concentra l'attention sur
l'objet principal de son ouvrage, la morale des
Jésuites. Cette matière offroit un libre champ à
ses plaisanteries et à son éloquence. Mais qu'il
sembloit difficile de contenir un pareil sujet dans
de justes bornes, d'en lier toutes les parties,
d'établir entre elles des points de communication
naturels et insensibles, de promener sans dégoût

l'imagination des lecteurs sur un terrain aride, d'animer de froides discussions, et d'orner de fleurs le langage austère de la théologie ! Pascal surmonta ces obstacles ; et l'ouvrage le moins susceptible de méthode, de transitions heureuses et d'agréments, fut, sous tous ces rapports, une des productions les plus remarquables de notre langue.

Les révélations de Pascal ébranlèrent le crédit des Jésuites ; sa vie toute religieuse, et le respect qu'il avoit imprimé à son nom, ne permirent pas d'accueillir les calomnies qu'ils dirigèrent contre lui. En vain pressés par son inexorable logique, accablés par sa foudroyante éloquence, ils lui reprochèrent d'infidèles citations, et cherchèrent un appui dans l'autorité supérieure : Pascal les confondit, leurs livres à la main, et réduisit au silence leurs plus zélés partisans. Et convenons qu'il falloit un grand courage, une forte conviction pour attaquer un corps si redoutable, et qui s'annonçoit comme le plus ferme appui du trône et de l'autel. Je sais que ces malheureux casuistes, que Pascal a traînés dans la postérité, n'avoient pas l'intention de corrompre les mœurs; qu'ils paroissent même avoir déraisonné de bonne foi; mais leur pernicieuse doctrine compromettoit l'honneur de la religion et le repos de l'État. Et comment donc les Jésuites se sont-ils obstinés à la défendre? Comment n'ont-ils pas désavoué des opinions individuelles, que la *société* entière n'avoit jamais professées? Ce désaveu eût diminué le nombre de leurs ennemis, et ramené les esprits à des sentiments de modération. On n'auroit vu dans les livres signalés par Pascal que les tristes résultats de cette ridicule scolastique qui, introduite et enseignée dans les cloîtres, avoit obscurci les notions les plus simples, étouffé le bon sens sous un amas de vaines subtilités. On auroit opposé les services des Jésuites à des égarements qu'ils partageoient avec les autres ordres religieux; on parleroit avec plus de reconnoissance des talents qu'ils ont déployés dans l'éducation de la jeunesse, de l'éclat qu'ils répandirent sur la chaire, le barreau, la haute magistrature, qui leur ont dû, en France, pendant près de deux siècles, leurs plus beaux ornements. On parleroit avec plus d'éloges de ces nobles et périlleuses entreprises destinées à étendre dans les pays lointains les bienfaits de la civilisation et les lumières de la foi. En condamnant leur ambition, on condamneroit plus rigoureusement encore les Gouvernements qui n'ont pas eu la force de punir leurs premiers écarts, de comprimer cette funeste tendance de tout ordre nombreux à devenir un corps politique. La fierté des Jésuites, la scandaleuse apologie de leurs théologiens, ont affoibli le souvenir de leurs utiles travaux, ont fortifié les éloquentes accusations de Pascal; et telle est la puissance du génie, qu'ils peuvent à peine, couverts de la protection et réfugiés dans la gloire de leurs grands hommes, obtenir quelqu'adoucissement à ses arrêts impitoyables.

Les Lettres Provinciales ont survécu aux circonstances qui les ont fait naître; la jeunesse éternelle du style leur méritoit cette rare faveur. Pascal semble manier un idiome déja perfectionné et fécond en excellents originaux. Chacun oublie, en le lisant, que cette langue, si ferme et si pure, parée, sous sa plume, de tant de richesses, étoit alors indécise et sans physionomie, embarrassée dans ses constructions, obscure dans sa marche, sans graces et sans souplesse dans ses mouvements. Il en devina le secret, en détermina le caractère, résista presque seul au torrent du mauvais goût, et fut notre premier modèle dans l'art d'écrire. Sa prose a toute la fraîcheur d'une belle prose moderne; aucun mot n'a vieilli; aucune phrase ne rappelle les efforts et les agitations d'une langue qui aspire à l'indépendance. Les Lettres Provinciales étincellent de beautés de tout genre. Pascal sait diversifier avec un art infini les formes de son talent, et se plier à tous les tons. Vous ne croyez lire qu'une lettre, et vous assistez à une excellente comédie. Que le lieu de la scène ne vous effarouche pas; la gaieté va l'embellir: les personnages paroissent. Voyez ces graves théologiens disputer sur des matières qu'ils n'entendent pas, s'attaquer avec fureur, se déchirer sans ménagement; observez ce contraste plaisant entre leur amour-propre et leur ignorance; écoutez leurs arguments terribles, leurs distinctions innocentes, et leurs confidences singulières. L'intérieur des cloîtres ne vous présente-t-il pas le tableau des passions, des travers et des ridicules qui vous ont frappé sur le théâtre du grand monde? Les comédies de Molière sont-elles plus plaisantes? Mais que parlons-nous de plaisanteries? La morale et la religion outragées appellent un vengeur. Pascal saisit le glaive de l'éloquence, poursuit, atteint, perce les coupables; et la véhémence de ses apostrophes, la brûlante rapidité de ses mouvements, les accents de son indignation remplissent l'ame de trouble et d'épouvante. Nos meilleurs écrivains ont consacré par leurs éloges la réputation des Lettres Provinciales. Boileau et Racine ne se lassoient pas de les relire; Bossuet envioit la gloire de les avoir composées; Voltaire leur accordoit l'honneur d'avoir fixé la langue, et les mettoit au nombre des beaux monuments littéraires du siècle de Louis XIV.

Les démêlés de Pascal avec les Jésuites lui en-

3

levèrent un temps précieux, et l'empêchèrent de s'occuper d'un grand ouvrage dans lequel il vouloit établir les preuves de la religion chrétienne. Il en disposoit les matériaux, lorsqu'une maladie cruelle vint interrompre son travail. Ses souffrances s'accroissent avec une violence excessive ; le sommeil s'éloigne de ses yeux ; il ne goûte plus de repos : tout annonce l'altération prochaine de cette raison supérieure ; et c'est alors qu'elle rassemble ses forces, et tente un des plus imposants efforts qu'ait faits l'esprit humain. Pascal, espérant trouver dans une sérieuse application une diversion à ses maux, appelle les mathématiques à son secours, attaque les problêmes les plus difficiles, compose, en moins de huit jours, le Traité de la Cycloïde (9), ouvrage d'une profondeur incroyable, et que d'Alembert, excellent juge en matière de géométrie, citoit comme un prodige de sagacité et de pénétration. Je regrette, messieurs, que la nature de ce discours ne me permette pas d'entrer dans quelques détails, et de vous arrêter sur l'époque la plus glorieuse de la vie de Pascal. Vous remarqueriez le foible intervalle qui sépare les principes de sa méthode d'avec ceux des calculs différentiel et intégral, le peu d'espace qui lui restoit à parcourir pour atteindre à cette sublime découverte, et en ravir l'honneur à l'Angleterre et à l'Allemagne. Vous verriez avec admiration un jeune géomètre, accablé de souffrances, combattre, vaincre les plus grandes renommées mathématiques, et les forcer de s'abaisser devant lui.

L'éclat des problêmes résolus par Pascal n'étoit pas indifférent au succès de l'ouvrage qu'il méditoit en faveur du christianisme. Qui osera, disoient ses amis, ranger les croyants dans la classe des esprits vulgaires, quand le premier homme de l'Europe, dans une science qui n'admet que des preuves et des démonstrations rigoureuses, s'engage à prouver les vérités de la révélation ? La défense du christianisme fut la pensée dominante de Pascal. Il s'en occupe pendant ses courts intervalles de santé ; il en fait le sujet chéri de ses entretiens, il en parle comme du seul ouvrage qui doive honorer sa mémoire. Ses autres productions ne sont rien à ses yeux ; on croiroit qu'il n'a laissé qu'entrevoir son génie, et qu'il tient en réserve des moyens plus surprenants. Il demandoit dix ans pour achever ce travail, tant il étoit jaloux d'en perfectionner les moindres détails. Le ciel les lui refusa, et éteignit, avant le temps, cette grande lumière, peut-être afin d'apprendre aux hommes que la religion n'a pas besoin de leur appui, et que la même main qui a tracé sa marche à travers les siècles saura bien la protéger et la maintenir. Le plan de Pascal étoit fortement conçu. Il commençoit par convaincre l'homme de sa corruption et de sa misère ; il le montroit grand par la pensée, mais soumis à l'empire de mille passions qui le dégradent, n'aimant que lui, ne considérant que lui, trompant les autres, et ne voulant pas qu'ils le trompent, esclave de l'habitude, livré à de faux plaisirs, s'agitant sans cesse pour échapper à la vue de lui-même, environné de ténèbres, et réduit à quelques vérités géométriques inutiles à son bonheur. Après l'avoir rempli du sentiment de ses foiblesses, il lui supposoit le desir bien naturel de savoir pour quelle fin, et par qui il a été jeté sur la terre, ce qu'il doit devenir ; il l'élevoit insensiblement à la connoissance d'un Dieu ; il ne cherchoit pas à démontrer son existence par des raisonnements métaphysiques, persuadé que notre propre intérêt doit être le principe et le fondement de notre croyance. De l'idée d'un Dieu dérive la nécessité d'un culte, d'une religion. Pascal passoit en revue toutes celles qui se sont succédé sur la terre, les examinoit séparément, et n'en trouvoit aucune dont la morale fût satisfaisante, et qui reposât sur des preuves certaines. Enfin il arrêtoit son attention sur un peuple particulier, étranger aux autres peuples, respectable par son antiquité, toujours subsistant malgré les efforts de tant de puissants monarques armés pour le détruire. Ce peuple adore un seul Dieu, et est gouverné par une loi qu'il prétend tenir de sa main. Il annonce que Dieu nous avoit créés parfaits ; mais qu'irrité contre nous il nous a privés d'une partie de nos avantages ; que cette punition explique l'origine du mal, et les inquiétudes de l'homme toujours poursuivi par le souvenir confus d'un état plus heureux. Le livre qui contient la doctrine de ce peuple dépose contre lui, le déshonore, prédit sa dispersion et ses malheurs; et cependant il le conserve avec une fidélité inviolable. Pascal approfondissoit l'histoire des Juifs, observoit les caractères de vérité dont elle est empreinte, la rapprochoit des prophéties, les comparoit, les expliquoit, admiroit leur accomplissement, et faisoit découler de ces sources sacrées toutes les preuves de la religion chrétienne.

Les fragments qui nous restent de cet ouvrage n'offrent pas tous le même mérite; on y trouve des morceaux foibles de développement, des pensées obscures, incomplètes, et qui prêteroient à des interprétations malignes, si on les jugeoit isolément, et sans les rattacher à l'ensemble des opinions de Pascal. Mais aussi quelle marche fière et hardie? Quel imposant assemblage de tout ce que le raisonnement a de plus vigoureux, l'éloquence de plus entraînant, la pensée de plus original, l'expression de plus mâle et de plus énergique ! De quelle immense supériorité il accable les incrédules ! Indigné de leur foiblesse, il renforce leurs objections, il les élève pour les rendre dignes de le combattre; et, ne pouvant s'en faire d'assez nobles adversaires, il les rejette avec dédain, et les immole avec une froide dérision. Quel écrivain aborda d'un air plus assuré les questions les plus embarrassantes, et porta plus loin l'autorité de la parole? Contemplez, si vous l'osez, ces précipices effrayants où l'intelligence humaine se débat contre les étonnantes doctrines que la religion lui présente. Pascal s'y plonge armé de son invincible logique. Une nouvelle lutte s'engage au fond de l'abîme; je reconnois les accents de sa voix. Est-ce la raison qu'il attaque et qu'il poursuit? Voudroit-il la traiter en esclave, la charger de fers, et orner de ses dépouilles le triomphe de la foi? Voudroit-il nous conduire par les ténèbres à la soumission? Non ; de plus hautes pensées l'occupent et l'agitent. Il a conçu le sublime projet d'accorder la raison avec la foi, de réunir ces deux grandes puissances. Il reproche à la raison sa curiosité téméraire, lui rappelle ses nombreux écarts, fruits de sa folle présomption, lui prouve l'insuffisance de ses moyens et la nécessité de s'appuyer des conseils d'un guide plus sage et plus éclairé. Mais en imposant à son amour-propre des sacrifices nécessaires, indispensables, il veille aux intérêts de sa gloire, ne souffre pas qu'elle renonce à ses droits, qu'elle s'interdise la faculté de juger, qu'elle s'abandonne à une superstition dégradante. Quel interprète de la religion se montra plus digne d'en expliquer les merveilles? Du sommet de son intelligence, il la voit descendre sur la terre, cacher sa grandeur future dans la nuit auguste des décrets éternels, sortir des nuages resplendissante de lumière, présider au destin des empires, gouverner à leur insu les rois et les conquérants, instruments aveugles de ses volontés, remuer l'univers, et ramener à elle tous les événements par des fils secrets et mystérieux. Le magnifique tableau de l'Histoire Uni-

verselle peint par Bossuet ne seroit-il que l'heureux développement de cette belle conception
de Pascal ; ou plutôt la religion se seroit-elle
plu à leur faire les mêmes confidences? Fa-
miliarisés, messieurs, avec l'étude des lettres,
vous vous rappelez les principaux chefs-d'œuvre
oratoires. Eh bien ! dans quelle langue ancienne
ou moderne avez-vous rencontré quelque chose
d'aussi sublime que les chapitres de Pascal sur
la connoissance générale de l'homme, et sur les
contrariétés qui se trouvent dans sa nature? Le
souffle puissant de l'inspiration s'y fait sentir
à chaque page, le raisonnement s'y fond dans
l'éloquence ; et il est impossible de les lire sans
éprouver une agitation extraordinaire. Et que
dirai-je de son style, plus nerveux, plus précis
que celui des Lettres Provinciales, désespoir éter-
nel des prosateurs qui tenteroient d'en reproduire les beautés singulières et originales! Pascal
est le seul de nos écrivains resté inaccessible à
l'imitation. Sa pensée et son expression forment
ensemble un tissu si serré, si parfait, qu'il faut

tout lui ravir ou tout lui laisser. Il ne songe point à l'harmonie de ses phrases, mais elles ont une gravité majestueuse qui, sans blesser l'oreille, plaît à l'imagination. Pascal dispose à son gré de cette brillante faculté; tantôt il s'en sert pour graver plus avant dans l'esprit les vérités qu'il annonce, tantôt il essaye ses forces, et la charge d'achever un tableau dont il n'a tracé que l'esquisse. Il est plein de ces figures hardies qui animent et passionnent le langage, de ces traits vifs et rapides, de ces rapprochements piquants et inattendus, qui réveillent à-la-fois tant d'idées et de souvenirs, de ces accents mélancoliques que soupiroit la muse antique et sacrée. En demande-t-on quelques exemples? Qu'on lise ce qui suit:

« *Les rivières sont des chemins qui marchent,*
« *et vous portent où l'on veut aller... L'homme*
« *n'est ni ange ni bête; et le malheur veut que*
« *qui veut faire l'ange fait la bête... Si le nez*
« *de Cléopâtre eût été plus court, la face de*
« *la terre eût été changée... Ce chien est à*
« *moi, disoient ces pauvres enfants; c'est là*

« *ma place au soleil : voilà le commencement*
« *et l'image de l'usurpation de toute la terre...*
« *Le dernier acte est toujours sanglant, quel-*
« *que belle que soit la comédie en tout le reste.*
« *On jette enfin de la terre sur la tête , et*
« *en voilà pour jamais.* » Bossuet admiroit l'expression simple et sublime de ce dernier trait. Ce
qui distinguera toujours ces deux écrivains, c'est
la force avec laquelle ils maîtrisent la langue, et
l'asservissent à leur génie. On aime à voir cette
langue rebelle et fière, domptée par un talent
supérieur, se soumettre aux lois, reconnoître
l'empire et subir le joug de la pensée.

Pascal est aussi profond observateur que grand
écrivain ; il s'est ouvert, en morale comme en géométrie, des routes nouvelles. Personne n'a porté
sur l'homme un regard plus perçant, n'a étudié
avec plus de soin l'histoire des passions, n'a dé-
mêlé avec plus de sagacité les ressorts qui les font
agir, n'a mieux surpris tous les secrets de la vanité et de l'amour-propre, ne nous a peints avec
plus de franchise, de vérité et d'énergie. Oui, sans

doute, vont s'écrier quelques philosophes, Pascal excelle dans les peintures générales; mais il charge ses couleurs, et s'attache à nous rabaisser. L'être sensible aux charmes de la vertu, à la voix touchante de l'amitié, au cri plaintif du malheur, est-il digne de mépris? pourquoi exagérer ses vices et ses foiblesses, désespérer de le rendre meilleur, et condamner les travaux du législateur à se perdre dans l'horrible perspective d'une corruption sans remède? Les lecteurs attentifs et réfléchis se convaincront bientôt que Pascal, loin de mériter ces reproches, a été plus juste envers nous que les autres moralistes; ils n'ont présenté l'homme que du côté ridicule et défavorable : Pascal l'a considéré sous toutes ses faces, et s'est fait un devoir d'opposer à sa honteuse dégradation ce qu'il conserve de noble et d'excellent. S'il est le plus superbe contempteur de ses misères, il est aussi son plus éloquent panégyriste. Si d'une main il le renverse et foudroie son orgueil, de l'autre il le relève et le replace au rang qu'il occupe dans la nature. Il épuise les richesses de la langue pour célébrer ce *roseau pensant*, il humilie devant lui la puissance de l'univers ; et c'est ainsi que, par des reflets agréables, il adoucit la sévérité de ses peintures (10).

Tel fut ce génie extraordinaire que le monde vit disparaître et s'éteindre au milieu de sa course. Quand on réfléchit sur cette suite de prodiges qui illustrèrent une vie si courte ; quand on se rappelle que le même homme réunit au plus haut degré des talents qui semblent s'exclure ; que le rival d'Archimède et de Descartes marche à côté de Démosthènes et de Bossuet ; que *les meilleures comédies de Molière n'ont pas plus de sel que les premières Lettres Provinciales* (*) ; que ce profond calculateur, cet écrivain tour-à-tour si plaisant et si sublime, occupe, parmi les moralistes, une place qui n'appartient qu'à lui seul ; que de simples esquisses, échappées à sa main mourante, balancent la réputation des ouvrages les plus finis ; et que ses principaux chefs-d'œuvre ont été enfan-

---

(*) Voltaire, siècle de Louis XIV.

tés au milieu d'affreuses douleurs ; on est tenté de regarder Pascal comme la plus étonnante intelligence qui ait paru dans l'univers. Ici, messieurs, je devrois terminer ce discours, si la grandeur de l'homme consistoit tout entière dans la supériorité des talents ; mais vous imposez aux orateurs de nouvelles obligations ; vous voulez encore qu'ils interrogent la vie, qu'ils descendent dans le cœur de ces êtres privilégiés, objets de leurs hommages ; vous voulez que l'estime accompagne l'admiration que la vertu ne rougisse pas des éloges prodigués au génie. C'est dans ce moment que j'apprécie la beauté de mon sujet, que je m'honore de l'avoir traité. Pascal fut éminemment religieux, et le fut autant par réflexion que par sentiment. L'infatigable activité de son esprit l'avoit porté, très jeune encore, à l'étude des anciens philosophes. Surpris de ne découvrir dans leurs écrits que des principes vagues et contradictoires, des sophismes dangereux, des opinions systématiques, des notions fausses sur les devoirs et la fin de l'homme, il éprouva bientôt le besoin de puiser à une autre source la connoissance de la vérité. Il s'adresse à la religion; la sagesse et la précision de ses réponses, la touchante simplicité de son langage, le frappent et le charment. Plus il l'approfondit, plus il est convaincu qu'elle seule peut servir à l'homme de guide et de point d'appui, dissiper ses doutes, calmer ses agitations, et fixer ses vertus incertaines et flottantes. S'élevant ensuite à des considérations générales, il voit que d'elle dépend le bonheur des peuples et la stabilité des empires; qu'amie tendre et fidèle, elle ne nous abandonne pas dans le malheur, qu'elle tempère l'amertume de nos chagrins, nous tient compte de nos peines, de nos sacrifices, et nous révèle le secret de nos hautes destinées. Il n'est donc pas étonnant que Pascal, plein de la grandeur et des bienfaits de la religion, ait témoigné tant de mépris pour les législateurs et les moralistes qui en ont méconnu la puissante influence, et ont privé leurs institutions de cet inébranlable pivot. On sait avec quelle force il a attaqué Montaigne. Sans reproduire des accusations connues de la plupart des lecteurs, je remarquerai que la philosophie de ces deux écrivains ne pouvoit pas être la même. Leur caractère, leur genre d'esprit, d'éducation et d'études étoient trop différens. Montaigne (*), accoutumé dès l'enfance et sous le toit paternel aux doux accents du plaisir, nourri de l'essence la plus délicate de la philosophie grecque, ami du repos, de la gaieté, de l'indépendance, tout brillant d'imagination, devoit s'abandonner à la séduction d'une morale qui flattoit ses goûts, berçoit mollement son existence, embellissoit la sagesse, et lui donnoit l'aimable cortége des grâces. Pascal, élevé dans des principes sévères, occupé jour et nuit de profondes méditations sur les sciences, étranger à toutes les jouissances, hors à celles de la pensée, précipité par son génie ardent dans les plus sombres abstractions des doctrines ascétiques, devoit repousser avec horreur des maxi-

---

(*) Son père le faisoit éveiller le matin au son des instruments.

mes contraires à la pureté du christianisme. Tous deux connurent très bien l'imperfection de la raison ; mais ils ne s'accordèrent pas sur les moyens de se garantir de ses erreurs. L'un se jeta avec nonchalance dans les bras du scepticisme ; l'autre invoqua les secours et les lumières de la foi. Montaigne fatigue ses lecteurs par son doute continuel, et les livre à une perplexité désolante. Pascal, en les rattachant à des idées positives et d'un ordre supérieur, affermit, élève leur esprit, épure, ennoblit leurs sentiments. On peut reprocher au premier trop de mollesse dans ses principes, au second trop d'inflexibilité dans sa philosophie. La religion qui en forme la base est plus indulgente, et sait mieux compatir à nos foiblesses. Loin de nous prescrire des efforts au-dessus de nos forces, elle se penche vers nous, et aplanit elle-même la route qui conduit au bonheur. Loin de nous défendre tout divertissement, et de se montrer sous des traits farouches, elle répand autour d'elle une innocente gaieté ; elle orne la vertu de ses propres char-

mes, et de mille beautés qui enchaînent tous
les cœurs. Les longues maladies de Pascal et sa
vie contemplative et retirée influèrent beaucoup
sur sa manière de voir et de sentir. Il est bien
difficile à un homme abandonné à lui-même,
toujours souffrant, et dominé par son imagination, de ne pas forcer la mesure de ses jugements;
tout prend à ses yeux une couleur triste et sombre,
tout l'inquiète et l'alarme : les plus durs sacrifices
n'ont rien d'effrayant pour lui; il trouve dans l'exa-
gération de ses tourments une douceur et des con-
solations qui nous sont inconnues. Ne croyez pas
cependant que les souffrances de Pascal et ses
dispositions à la mélancolie aient altéré la vigueur
de son entendement. Jamais les éruptions de son
génie ne furent plus brillantes que dans ses vio-
lents accès de douleur. Voltaire a publié, le premier, et beaucoup d'autres ont répété d'après lui
que l'événement du pont de Neuilly avoit dérangé
les organes de son cerveau : ce qui prouve la légèreté de cette assertion, c'est que Pascal composa, trois ans après, les Lettres Provinciales, et

plus tard encore l'immortel Traité de la Cycloïde. Qu'importe que le souvenir des dangers qu'il avoit courus le jetât quelquefois dans des terreurs involontaires ? Ignore-t-on le pouvoir de l'imagination sur les tempéraments nerveux et mélancoliques ? et n'a-t-on pas vu des astronomes, des métaphysiciens, des savants distingués, éprouver des foiblesses d'une autre nature, dans le temps même qu'ils donnoient des marques d'une haute sagacité ? Les détracteurs de ce grand homme, ne pouvant réussir à l'accuser de folie (11), ont prétendu qu'il manquoit de sensibilité. Dans combien d'occasions n'a-t-il pas fait éclater la bonté de son cœur ? Rappellerai-je les soins tendres et pieux qu'il eut pour sa famille, et ses liaisons intimes avec Roberval, Arnauld et Nicole ? Pascal étoit susceptible de préventions très fortes en faveur de ceux qu'il chérissoit, et on ne remarquera pas sans surprise que l'auteur de quelques lignes désespérantes sur l'amitié en ait connu la plus respectable erreur. Il consacroit sa fortune au soulagement des pauvres, il veilloit à leurs besoins, et se privoit du nécessaire pour augmenter les ressources de sa bienfaisance. Ses mœurs furent pures. Laissons ses ennemis insinuer que ses maux continuels le dispensèrent des pénibles combats qui rendent la vertu méritoire. Pascal eût triomphé de la volupté par le seul ascendant de sa raison. Indulgent pour les autres, il étoit sévère à lui-même. Né violent et emporté, il devint un modèle de douceur et de patience. Plein du sentiment de ses forces, et averti de sa supériorité par les hommages que lui rendoient les premiers savants de l'Europe, il se livra d'abord aux mouvements de la vanité ; mais bientôt il la plia sous le joug des principes religieux ; et, quand elle s'agitoit encore, des pointes de fer aiguës, pénétroient dans ses chairs ; et son corps expioit les révoltes de son esprit. Sa conversation étoit piquante, instructive, semée de plaisanteries fines, et délicates, qui ne blessoient personne, et n'attaquoient que des ridicules communs dans la société. Ennemi du *moi,* qu'il trouvoit *haïssable,* il vouloit qu'on s'abstînt, autant qu'il est possible , de se nommer ; il se moquoit de ces auteurs qui, parlant sans cesse de leurs ouvrages, disent : « *mon livre, mon commentaire, mon histoire*..... « *ils feroient mieux de dire : notre livre, notre* « *commentaire, notre histoire, etc. ; vu que d'or-* « *dinaire il y a plus en cela du bien d'autrui que* « *du leur.* » Quoiqu'il eût passé sa vie dans l'étude et la méditation, il étoit très lent à prononcer sur une matière importante. Le ton tranchant et dé-cisif étoit à ses yeux la marque la plus sûre de l'ignorance et de l'irréflexion. Parmi les belles qualités de Pascal, celle que j'estime le plus, parcequ'elle est le lien et le principe conservateur de toutes les autres, c'est la fermeté inébranlable de son caractère. Jamais la crainte et l'intérêt ne le firent dévier de la ligne qu'il s'étoit tracée. Son amour pour la vérité l'emportoit sur ses au-tres affections. Tant que les solitaires de Port Royal demeurèrent fidèles à leurs principes, il les soutint de sa plume et de son éloquence ; mais, dès qu'il les vit écouter les conseils d'une politique timide, et composer avec leur conscience, il cessa de leur témoigner le même attachement. *Vous trahissez la vérité*, s'écrioit-il, *et vous ne vous sauverez pas*. La franchise et l'inflexibilité de ses opinions lui firent beaucoup d'ennemis ; on le déchira pendant sa vie, on l'outragea après sa mort. Mais la voix de la postérité a étouffé ces vaines clameurs, et associé son nom aux noms les plus chers à la morale et à la religion.

Vous avez proposé, messieurs, l'éloge de ce grand homme ; vous ne pouviez appeler l'attention publique sur un talent plus respecté. La réputation de Pascal a franchi les limites du pays qui l'a vu naître. Les Lettres Provinciales ont parcouru le monde, et ont commencé, avec les premières tragédies de Corneille, à répandre dans l'Europe le goût de notre littérature. La machine arithmétique a pénétré dans des climats où le flambeau des sciences ne brille pas encore ; et une reine illustre en expliquoit à sa cour l'ingénieux mécanisme. Le Traité de l'équilibre des liqueurs a été entre les mains de savants étrangers une mine féconde de découvertes et d'inventions qui les ont couverts de gloire. Ses Fragmens philosophiques ont fourni à l'un des meilleurs poëtes de l'Angleterre les plus belles idées d'un de ses plus beaux ouvrages. Et vous, généreux athlètes de la foi, nobles appuis de la religion de nos pères, sous quel maître avez-vous appris à combattre et à terrasser les incrédules ? Pascal vous a revêtus de ses armes, vous a frayé le chemin de la victoire ; et voilà l'homme dont j'ai osé entreprendre l'éloge ! J'aurois dû me rappeler, messieurs, que déja deux fois le zèle des orateurs avoit échoué dans cette tâche difficile, et que l'éclat des premières tentatives vous rendroit plus sévères à l'égard des nouveaux concurrents ; mais l'enthousiasme qu'inspire un grand nom permet-il de s'abandonner au désespérant examen de ses forces ? Et quand même il seroit impossible de peindre avec des couleurs convenables des hommes tels que Pascal, Descartes et Bossuet, compte-t-on pour rien l'avantage d'essayer ses pinceaux sur des sujets extraordinaires ? L'écrivain le plus médiocre ne communique point

sans fruit avec une intelligence supérieure , et
l'on reconnoît à quelques inspirations heureuses
la secrète influence du génie présent à sa pensée.

NOTES.

(1) page 4. PASCAL naquit à Clermont en Auvergne le 19 juin 1623. Son père, Etienne Pascal, premier président à la Cour des Aides de cette ville, étoit géomètre, physicien, littérateur, et avoit orné son esprit d'une foule de connoissances variées qui charment les loisirs et fortifient la raison d'un magistrat. Descartes et Fermat avoient beaucoup d'estime pour lui, et le prirent souvent pour juge de leurs démêlés en matière de haute science ; ce qui ne supposoit pas dans Etienne Pascal un médiocre mérite.

(2) page 5. Fermat est un des hommes qui ont fait le plus d'honneur à la France. Il cultiva avec le plus grand succès toutes les branches des sciences mathématiques et physiques. Ses ouvrages contiennent les germes très développés des plus belles découvertes analytiques modernes. On lui doit la méthode de *maximis* et *minimis*, une autre méthode très ingénieuse pour déterminer les tangentes des courbes, une nouvelle manière de construire les lieux géométriques, un excellent commentaire sur Diophante, dans lequel brille son talent pour l'analyse, etc. Il a rendu aux mathématiques d'aussi éminents services que Descartes ; et il

est essentiel de remarquer que Fermat publia ses inventions avant que la géométrie de Descartes parût. Fermat composoit des vers latins, françois et espagnols avec beaucoup d'élégance. Il a fait de profondes recherches sur l'antiquité, et éclairci une foule de passages obscurs des auteurs les plus difficiles. Habile jurisconsulte et magistrat intègre, il jouissoit d'une haute considération dans le parlement de Toulouse. Cet illustre et modeste savant mourut en 1664.

(3) page 8. On ignore par quel procédé Pascal est parvenu à reconnoître la 32º proposition d'Euclide ; il n'a rien laissé à cet égard qui ait pu le faire soupçonner. Sa marche a dû nécessairement différer de celle d'Euclide, qui n'est pas la plus directe et la plus courte, quoique rigoureuse. Je conviens qu'il n'est pas impossible qu'un homme d'un âge mûr et accoutumé à réfléchir parvienne aux découvertes de Pascal par la seule combinaison des lignes ; mais ce qu'on regarderoit déja comme un grand effort de tête, devient un prodige dans un enfant de douze ans, dont l'intelligence n'est point encore exercée. D'autres géomètres, je le sais, ont débuté d'une manière brillante dans la carrière des mathématiques, sans cependant passer pour des génies du premier ordre ; mais a-t-on bien observé la différence du point de départ ? il leur étoit incomparablement plus facile, avec un petit nombre de principes donnés, de faire de grands progrès, qu'il ne l'étoit à Pascal d'arriver seul et sans secours à la hauteur où il est parvenu.

(4) page 10. La machine arithmétique est une des plus

ingénieuses inventions que l'on connoisse. Les calculateurs l'auroient accueillie avec plus d'empressement encore et de reconnoissance, si le baron Neper ne leur eût pas fait, quelques années auparavant, l'inappréciable présent des Logarithmes. Cette découverte, en simplifiant les calculs, remplissoit à-peu-près le but que se proposoit Pascal ; et, depuis la formation des tables de logarithmes, il étoit naturel de préférer un livre peu coûteux à des machines d'un poids incommode et d'un prix élevé. Les autres machines arithmétiques qui ont été présentées à l'académie des sciences se rattachent à la première par l'idée principale et n'en ont point effacé le souvenir. Le principe de ces machines une fois connu, observé avec raison Diderot, il n'y a presque plus de mérite à les varier. Pascal est encore l'inventeur de deux autres machines dont l'usage est journalier, la brouette et le haquet.

(5) page 16. On ne peut contester à Torricelli la gloire des premières expériences sur la pesanteur de l'air, et à Pascal l'honneur d'avoir dissipé tous les doutes des savants sur cet important phénomène. M. de Condorcet, dans un éloge de Pascal, plein de fiel et de partialité, évidemment entrepris dans l'intention de rabaisser ce grand homme, prétend, d'après Baillet, que Descartes a donné à Pascal l'idée de l'expérience du Puy-de-Dôme. Mais comment un géomètre tel que Condorcet a-t-il pu fonder son opinion sur le témoignage d'un compilateur ignorant, dont les ouvrages aussi mal pensés que mal écrits, sont tombés depuis long-temps dans l'oubli ? M. Bossut, dans son discours sur la vie et les

ouvrages de Pascal, a réduit à leur juste valeur les préten-
tions de Descartes. Peut-être auroit-il dû insister davantage
sur les preuves morales tirées du caractère des deux philosophes. Pascal ne fit aucune attention aux vagues et tardives
réclamations de Descartes, et se déclara toujours l'inventeur
de l'expérience. S'il y avoit eu la moindre possibilité de lui
en disputer l'honneur, les Jésuites, parmi lesquels il se trouvoit des géomètres assez habiles, auroient-ils laissé échapper
cette occasion d'humilier leur plus redoutable adversaire ?

(6) page 18. C'est à Galilée qu'on doit le fameux principe des vitesses virtuelles dont Pascal a fait usage dans le
Traité de l'équilibre des liqueurs, pour démontrer la principale propriété des fluides. Ce principe, auquel se rattachent d'une manière plus ou moins directe tous ceux qu'on
a découverts dans la science de l'équilibre, a acquis une
fécondité étonnante entre les mains de feu M. Lagrange,
l'un des plus lumineux et des plus profonds génies qui aient
paru dans l'empire des sciences. D'autres grands géomètres
avoient déja pressenti les hautes destinées de ce principe ;
mais personne n'avoit aussi bien aperçu la généralité dont il
est susceptible, aussi bien apprécié l'avantage qu'il présente
de pouvoir être traduit en une formule générale, de laquelle,
se déduisent toutes les lois de l'équilibre des corps. La sa-
vante et heureuse application que M. Lagrange fait ensuite
de cette même formule aux lois de leurs mouvements com-
plète sa théorie nouvelle de la mécanique.

(7) page 20. Le chevalier de Méré, homme d'esprit,

mais étranger aux mathématiques, proposa à Pascal le problême suivant, le premier qu'on ait résolu sur les probabilités. Deux joueurs, dont les forces sont égales, jouent ensemble, à cette condition que celui qui atteindra, le premier,
un nombre donné de points, gagnera la partie, et sera
maître de l'enjeu. Après quelques coups, les joueurs con-
sentent à se séparer, avant d'avoir fini la partie. On demande
de quelle manière l'enjeu doit être partagé. Il est évident
que ce partage doit se faire proportionnellement à leurs
probabilités respectives de gagner la partie : probabilités qui
dépendent du nombre de points qui leur manquent encore.
Pascal résolut ce problême par une méthode très fine et très
ingénieuse, et jeta les premiers fondements de la science des
probabilités, sur laquelle Huyghens, Jacques Bernoully,
Montmort et Moivre, publièrent successivement d'excellents
ouvrages. Des géomètres plus modernes en ont fait ressortir
davantage l'utilité, en l'appliquant à des questions importantes de la philosophie naturelle et de l'économie politique.
Ceux qui voudront connoître à fond les principes généraux
de ce calcul, et parcourir le vaste champ des découvertes
auxquelles il a donné naissance, n'ont qu'à lire la théorie
analytique des probabilités, publiée dernièrement par M. La
Place, reste précieux des grands géomètres qui ont tant il-
lustré le dix-huitième siècle.

(8) page 24. Arnauld a composé un nombre prodigieux
d'ouvrages, parmi lesquels on doit distinguer la grammaire
générale et l'art de penser, livres excellents, dont il partage
la gloire avec Lancelot et Nicole, et qui n'ont pas peu con-

tribué au perfectionnement de la langue et aux progrès de la saine philosophie. Descartes lui soumit plusieurs de ses découvertes, et fut étonné de la profondeur de son génie. Doué d'une forte pénétration, il auroit rendu de grands services aux sciences, s'il les eût cultivées avec plus de soin. Sa passion pour la controverse remplit tous les instants et troubla le repos de sa vie longue et laborieuse. Toujours les armes à la main, il ne cessa de combattre qu'en cessant de vivre ; il se montra le plus ferme appui du jansénisme et le plus redoutable adversaire des Calvinistes et des Jésuites : Malebranche fût sa dernière victime. Peu d'hommes ont joui, de leur vivant, d'une réputation plus éclatante, et exercé plus d'empire sur les esprits. Il avoit subjugué tous les savants qui composoient la maison de Port-Royal ; il les associa à ses luttes théologiques, et leur communiqua son humeur guerrière. L'âge et les disgraces n'en refroidirent point les emportements. On connoît la réponse qu'il fit au moraliste Nicole, qui lui témoignoit le desir de se reposer. *Vous reposer !* dit Arnauld avec feu ; *Eh ! n'aurez-vous pas pour vous reposer l'éternité tout entière ?* Neveu d'un ministre de Louis XIV, allié à des familles puissantes, honoré de l'estime de plusieurs souverains pontifes, il préféra son indépendance et sa pauvreté à toutes les dignités, à toutes les richesses dont on vouloit le combler. Il eut pour amis et pour admirateurs les premiers écrivains du siècle de Louis XIV. Boileau fit son épitaphe.

(9) page 34. La Cycloïde est une courbe décrite dans l'air par le mouvement d'un clou fixé à la circonférence d'une

roue de voiture. Chaque pas qu'on a fait dans la théorie de cette courbe a été marqué par de vifs démêlés entre les savants, et il n'en est aucune qui leur ait offert plus de vérités utiles et plus d'occasions d'exercer leurs forces et leur patience. Roberval détermina l'air de la cycloïde et les solides qu'elle forme, en tournant autour de sa base et du diamètre de son cercle générateur. L'Italie disputa à la France ces premières découvertes. Descartes, qui s'occupoit alors de créer un monde, sortit de ses tourbillons pour attacher son nom à l'histoire d'une courbe devenue si fameuse. Il en trouva les tangentes, et mit fin, par la solution de ce problême, aux recherches des géomètres. Pascal la reproduisit sur la scène vingt ans après, la considéra d'un point plus élevé, en approfondit la théorie, et se proposa de nouvelles questions qui surpassoient en difficultés tout ce qu'on connoissoit de plus fort en géométrie. Il s'agissoit d'abord de refondre et généraliser des méthodes restreintes à des cas particuliers, ensuite de trouver le centre de gravité de la cycloïde, les centres de gravité des solides, des demi-solides, des quarts de solides, etc., des surfaces, demi-surfaces, quarts de surface de la même courbe, tant autour de la base qu'autour de l'axe, le centre de gravité d'un segment quelconque de cycloïde, etc. Pascal découvrit, en l'espace de quelques nuits troublées par d'insupportables douleurs, une méthode qui s'étendoit à tous les problêmes précédents, et à plusieurs autres dont je n'ai point parlé. L'histoire des mathématiques ne présente pas d'exemple d'un aussi puissant effort de génie; et je ne crains point d'avancer que les travaux de Pascal sur la cycloïde supposent une capacité d'intélligence bien supérieure à celle qu'exigeoit la découverte du calcul différentiel. Il a conquis sa méthode à force de tête, tandis que Newton n'a eu besoin que de généraliser celle de Barrow pour les tangentes. Cette généralisation même n'offroit pas de grandes difficultés depuis la découverte du calcul des exposants faite par Descartes. Ce n'est pas que je prétende par là porter la moindre atteinte à la gloire de Newton ; elle repose sur des titres plus imposants et plus personnels, la gravitation universelle et la décomposition de la lumière. Mais il me semble que les géomètres françois ont montré beaucoup trop de modestie, et j'ose dire d'indifférence pour l'honneur national, à cette époque mémorable où l'Angleterre et l'Allemagne se disputèrent avec un noble orgueil l'invention des nouveaux calculs. Les ouvrages de Pascal et de Fermat étoient entre leurs mains ; et comment n'ont-ils pas vu le calcul différentiel découler immédiatement de leurs méthodes, et sur-tout de celle dont Fermat s'est servi pour déterminer les soutangentes des courbes, leurs points d'inflexion, les *maxima* et *minima* de leurs ordonnées, etc. ? Rendons-nous plus de justice, et publions hautement que le pays qui a vu naître le sublime auteur de l'application de l'algèbre à la géométrie, Pascal, Fermat, Clairaut et d'Alembert, n'a rien à envier aux autres nations dans les sciences analytiques. Je reviens à la cycloïde. Pascal n'avoit cherché qu'une diversion à ses maux, et ne songeoit point à publier ses dernières découvertes. Ses amis le forcèrent de sacrifier ses scrupules à des considérations religieuses. On proposa des problèmes sur la cycloïde, et on promit des prix à ceux qui les résoudroient. Ces problèmes parurent si difficiles, que l'élite des savants de l'Europe se borna à des attaques partielles ; il n'y eut que deux géomètres qui descendirent dans la lice, et acceptèrent le défi sans restriction : Wallis, déja connu par un ouvrage profond et original, et Lallouère, un des meilleurs mathématiciens de la société des Jésuites. Ces deux concurrents firent de louables efforts, et déployèrent dans leurs recherches une sagacité peu commune ; mais des fautes de calcul qu'ils reconnurent bientôt, et de faux aperçus qui devoient les conduire à de faux résultats, les empêchèrent d'obtenir le prix. Condorcet a prétendu qu'ils avoient été mal jugés ; et, pour justifier cette assertion, il dénature tous les faits. Les amis de Pascal ne vouloient pas, dit-il, qu'il eût un hérétique pour rival ; et Pascal crut sans doute que, pour l'intérêt de la *bonne cause*, il ne falloit pas qu'un Jésuite partageât sa gloire. Si Condorcet avoit pris la peine de lire les pièces du procès, il se seroit épargné d'absurdes suppositions et d'odieuses calomnies. L'historien des mathématiques, Montucla, avoit d'abord attaqué la décision des juges du concours ; mais un examen plus attentif le fit revenir de son erreur ; et il s'empressa d'en consigner l'aveu dans la seconde édition de son ouvrage. Condorcet, au lieu de suivre son exemple, servit les passions de Voltaire, qui l'excitoit à se déchaîner contre Pascal, et payoit ses outrages par des éloges ridiculement exagérés. Ce grand poëte pouvoit-il, de bonne foi, le comparer à Pascal ? Condorcet avoit beaucoup d'esprit, de connoissances et d'idées philosophiques ; mais il n'étoit supérieur dans aucun genre. Son style froid et décoloré l'exclut à jamais du rang des grands écrivains ; et il n'a rien fait en mathématiques qui l'élève au-dessus des géomètres du second ordre.

(10) page 45. Pascal jetoit ses pensées sur des papiers détachés, et quelquefois ne les écrivoit qu'à demi, impatient de résoudre un problème de géométrie qui venoit assaillir son génie mathématique ; de là ces pensées dont il est difficile de pénétrer le sens ; de là ces cercles et ces triangles entremêlés sur la même feuille parmi des morceaux pleins de verve, d'imagination et d'éloquence. Nous devons savoir gré à ses héritiers de nous avoir conservé ces précieux manuscrits. Les anciens témoignoient un respect religieux pour les dernières inspirations d'un grand homme, et admiroient plus les ouvrages qu'il laissoit imparfaits, que ceux qu'il avoit entièrement finis. Nous aimons à nous rappeler, disoit Pline, les touchants adieux d'un beau génie prêt de nous quitter ; nous jouissons des regrets que nous donnons à ces mains habiles que la mort a flétries dans le temps qu'elles travailloient à un chef-d'œuvre. Voltaire n'a pas traité Pascal avec les mêmes égards. Tout le monde conviendra qu'il étoit injuste de soumettre à un examen rigoureux des fragments informes que l'auteur n'avoit pas revus, d'exiger d'une pensée à peine ébauchée ce qu'elle ne pouvoit pas fournir, et de n'apercevoir, au milieu de tant de beautés de style, qu'un petit nombre d'expressions vicieuses, de termes impropres. Qu'eût dit Voltaire, si quelque ami indiscret se fût permis de juger ses belles compositions tragiques avant qu'il les eût conduites à leur point de maturité et de perfection ? Ses notes sont superficielles, et ne brillent pas

par la force du raisonnement. Pour vous en convaincre ,
choisissez un chapitre d'une certaine étendue, dans lequel
Pascal s'explique clairement , déploie toute la vigueur de
sa logique , et lisez les notes correspondantes de Voltaire.
Vous serez étonné de la foiblesse de ses attaques , et de sa
promptitude à changer un combat sérieux en une guerre de
plaisanteries. Il a reproché à Pascal d'avoir mal parlé de la
poésie; la critique est juste, mais Voltaire n'a-t-il pas trop abusé
d'une demi-confidence ? A l'époque où Pascal écrivoit,
Corneille seul en France composoit de beaux vers ; et un
homme d'un goût parfait n'étoit-il pas excusable de vouer
au ridicule les plates métaphores et les expressions bi-
zarres de quelques rimeurs subalternes ? Dans quel endroit
de ses ouvrages Pascal s'est-il expliqué sur l'auteur de Cinna ?
Soyons moins sévères à l'égard d'un écrivain qui n'a pas eu
le temps de corriger ses premiers aperçus. Ce que nous
prenons pour une opinion formelle n'étoit peut-être qu'une
objection qu'il se faisoit à lui-même, un doute qu'il se
réservoit d'éclaircir.

(11) page 51. Beaucoup de personnes croient encore aujourd'hui que Pascal fut atteint de folie dans les dernières
années de sa vie. Comment concilier cette prétendue folie
avec les sublimes découvertes qu'il publia en 1659? Ses souffrances, en aigrissant son imagination, sembloient lui prêter
de nouvelles forces. Il conserva sa raison jusqu'au dernier
instant. Quelques jours avant sa mort , il s'occupoit encore
de son ouvrage sur la religion, et dictoit ses pensées à un
domestique intelligent qui ne le quittoit pas. Ce grand

homme mourut le 19 août 1662 à l'âge de trente-neuf ans
et deux mois. Son corps ayant été ouvert, dit M. Bossut,
on trouva qu'il avoit l'estomac et le foie flétris, les intes-
tins gangrenés ; on remarqua avec étonnement que son crâne
contenoit une quantité énorme de cervelle, dont la subs-
tance étoit fort solide et fort condensée.

FIN DES NOTES.